[redacted]

Gallery Books
Editor: Peter Fallon

DIALANN BÓTHAIR

Liam Ó Muirthile

DIALANN BÓTHAIR

Gallery Books

Dialann Bóthair
is first published
simultaneously in paperback
and in a clothbound edition
on 30 November 1992.

The Gallery Press
Loughcrew
Oldcastle
County Meath
Ireland

ISBN 1 85235 098 9 (*paperback*)
1 85235 099 7 (*clothbound*)

The Gallery Press receives financial assistance from An Chomhairle Ealaíon / The Arts Council, Ireland.

Clár

Cuid a hAon

Cuid a Dó / Wolfe Tone

Cuid a hAon

Athghabháil na Speile

i gcuimhne ar Mhicilín Breatnach, An Riasc

Fúm fhéin anois atá an ghabháil
    fairsing nó cúng
    de réir na talún.

Dheargaigh an gabha í agus chas isteach,
    d'fháisc an dá dhuirnín
    dom ghéag féin oiriúnaím.

Táim chomh mórálach as m'uirlis ársa i bhfearas
    is a bhíos im leanbh
    as an dtrírothach nua dearg.

Leis an sciuird chéanna áthais suas an tsráid
    tugaim fogha faoin scraith sa pháirc
    is mo chéad scrabha bainte.

Cé go bhfuilim chomh ramhar leis an mbéal maol
    ar cheird gheal an spealadóra
    táim faobhrúil le díocas foghlaimeora.

Sí d'uillese a stiúraíonn ón Riasc mo bhuille
    an graisnéil ón gcrann
    go daingean sa lann.

Ní hiad na poill atá ann ach do dhá shúil ghlé
    a rinc im dhiaidh aniar thar teora
    im theannta anois i váls an chomhbhainteora.

Caoineadh na bPúcaí

do Tony MacMahon

Sí suaill na mara ón ngaoith id cheol
a bholgann le pabhar na bpúcaí ár seol

Le gach ólaí a rabhlálann dínn
scúnn na cuilithíní an craiceann dínn

An ghileacht draíochta is í ag méarnáil
oíche ré láin is tú ag turnáil

Idir do lámha easnaíocha an bhosca
ar na cnaipí do mhéireanna ag floscadh

Is cuma linn cá bhfuil anois ár dtriall
ach an chóir seo a bheith againn de shíor

Ní bhíonn riamh idir sinn agus an bás
ach ár gcroí faoi lánseol agus an canfás

I gcuasa ár gcluas cloisimid seiseon na róinte
is caoineadh na míol mór ina thulcaíocha tonnta

Feannaigh dínn a bhfuil d'fheoil ar ár gcnámha
mar a bhearrann an ghaoth anoir gainimh na trá

Nuair a bheidh ár bport seinnte is é ina dhuibhré
éalóidh na púcaí asainne agus beidh ansan ina bháinté

Na Coileáin

Bhí cúram ar leith ort a chaithfí a chur i gcrích istoíche,
a bheith thiar sa Chom agus an mótar oiriúnach
bheadh an beart déanta roimh am dúnta.

An mhaidin tugtha leis an deimheas aclaí ag bearradh,
mise an *chauffeur* ar fhear lúfar na faille,
lá de na laethanta breátha ag faire.

Boladh fuail, gadhar fuadrach, méileach thréadach, breasal,
súile sceimhlithe na gcaorach is tú ag reasláil,
á ngreamú ceansaithe le talamh.

Sioscadh siosúrtha na lann faobhair ag cumadh lomra,
mo chluasa féin ar bior mar shreang dheilgneach
ag priocadh ribí olna d'urlabhra.

Nochtais i solas an dorais gan an t-inneall fiú ina stad,
greim fáiscthe ar an bpaca NET anuas an cnoc
bhís sa tsuíochán le m'ais de phreab.

Shamhlaíos aon bhurla teasa suain ag déanamh ar Cheann
   Sléibhe,
gan smid as a scéithfeadh do ghnó leis na comharsain
dá mbáfaí na coileáin i rith an lae.

As radharc an bhaile theilgis an beart le neart thar falla,
níor scaoilis an corda, phlabfaidís i gcoinne carraige
basctha sara n-alpfaí iad i gclab na farraige.

Ag dul abhaile tar éis tigh Khruger, prátaí mar luach saothair,
bhí na cnapáin is na halpáin ag at ar an urlár
coileáin bheo agus *move over* acu le chéile.

Athphlandáil

Cuirfead an bheith ar dtús
  mo shlataire caol fionn
Mair leis an dair in urrús
  scéithdhuilliúrach le chéile

Bhís ag neartú ón earrach
  ag préamhú faoi lánéide
Is binn liom lom san athrú fómhair tú
  ag dul i leith na léithe

Cuirfimid an geimhreadh síorghlas dínn
  comhdhlúite sa dúluachair
Sa tsamhradh beidh dlaoithe ar mhullach do chinn
  fite im ghéaga mo nuachar

An Bóthar Síorghlas

D'fhásfainn doire fothana
ar an mbóthar síorghlas,
is gach crann teann ann
buanseasmhach in aghaidh anró;
shínfeadh na géaga tréana
leis an dtéagar céanna
go leathann do cheathrúna
ód chabhail is mé ar sileadh leo.
Bheadh an duilliúr sa tséasúr
chomh hiomadúil led chraobhfholt,
is gach dlaoi ag luí go dlúth
ó bhaithis chaithiseach go com;
d'ardódh na homnaí maorga
ar thóir solais agus gaoithe,
mar a ghluaiseann do chorp
in aghaidh gréine le cuar na habhann.
Dhéanfainn dearcán dem chroí
ar an mbóthar síorghlas,
is gach tráth síl bheinn ag tnúth
le titim faoi do bhráid;
mhairfinn dhá mhíle bliain
mar chnó id chnuasach coille,
nó dá ligfeá dom préamhú
phéacfainn id dhá láimh.

An Pota Stóir

Tá aibhéis choimhtheach na mblianta anois eadrainn
tusa de réir mar a chuala le cuain do mhuiríne
á scáthú in ábhach coincréite faoi chruach-ghrian Sevilla.

Seanchrústach mise faoin dtráth seo nach ndeineann mórán
fáin
tá fáiseanna mara ramhar orm, rianta catha ar mo ghéaga;
ba dhóbair dom mo dheargadh uair amháin nuair a thógas an
baoite.

Thugas mo dhrioball liom i ndiaidh mo chúil mar is dual, ar
éigean,
sé mo nádúr troid go fíriúil nó más gá é go hoilbhéasach;
uaireanta i bhfastó cruaidh dhúinn níl a dhath eile le déanamh

Ach crapadh leat le colm na lot chomh slán is a fhéadfair
is an méid atá in aimhréidh a fhágaint faoi na péisteanna;
tá an mhuir lán díobh siúd is ní baol ná go bhfaighid béile.

Is fada anois ar an gcósta seo é ina dhíthrá mhallmhuireach
ó thug an rabharta mór le chéile sinn lá in aice Dhuibhneach,
ag ceáfráil linn ar barra taoide ar nós an uisce, gléineach.

Gur iarr an gliomadóir orm cabhrú leis an pota stóir a thógaint
aníos ó bhun an chalaidh mar a raibh an cás i dtaisce sa tsáile;
níor thuigeas go raibh bannaí orthu chun nach n-íosfaidís
a chéile.

Gháireabhair is ba thusa a thug don iascaire lámh chúnta
agus thugais leat an dúchas cladaigh aduaidh ó oileán Barra
a d'fhág mise im stumpa cathrach aineolach ar an dtráigh
fholamh.

Chuimhnínn ar an eachtra ó thráth go chéile le doiléire
ach le déanaí d'fhoghlaimíos ceacht faoi na gliomaigh a tháinig
eadrainn;
nuair a fhásann an stumpa stoite arís bíonn an teanchair níos
géire.

An Drumadóirín sa Ghairdín

do Chiarán

A dhrumadóirín sa ghairdín
rac-cheoltóir na stól an bhuicéid is na gcipíní
is aoibhinn liom rithimí do choirpín do gheáitsí
ag cnagadh ceoil amach chomh mór is atá id chroí;
steallann sé uait le líofacht ded chuid féin
gan é fós ina *bí-dú-bí-deap-bí-dú-bí deap-deap* cruinn
ach is sásamh iomlán é don éisteoir seo i bhfolach
im sheomra féin ag iarraidh dán a scriúáil amach
go dtí go bhfaca tú a dhrumadóirín bhinn mo mhac.

Faoi Uisce

do Rónán

Fág ar snámh go deo deo sinn sa bhroinn
sa linn clóirín
mar a leathann na géaga máthartha fo-thoinn
trín gceo ar mo ghloiní *speedo*.

Teilgeann na leanaí timpeall orm mar dhiúracáin
ó bhrúchnaipe imleacáin
á bpléascadh go meánraonach gan staonadh gan ghleo
ag an doimhneacht seo go deo deo.

Ba mhaith liom a bheith i mo dheilf dom únfairt féin
sa phaiste úd gréine
ag sileadh anuas trí fhuinneog ar dhíon na spéire
i gcuas gan éinne.

Ansan níor chall éirí go fóill os cionn an chorda
chun tarrac anála
ná liúirigh chogaidh mhaidin Domhnaigh na gcoirpíní órga
a bheith mar íobairt ofrála.

Dialann Bóthair

Ag splancadh liom faoi mo luas féin
ó Bhaile Átha Cliath arís go Corcaigh,
goineann solas an lae boige mo shúl
ach deirim bain taitneamh as, sásamh;
tá an turas seo triallta agam an méid sin uair
gurb ionann sa tsiúl dom imeacht agus teacht,
ar shroichint ní fios cé acu is deacra
fanacht ann nó teacht as.

Dúirt tusa nach smaoiním ar éinne
ach orm féin is mé ag fágaint,
dhúisíos ag a cúig ar maidin tú
tar éis an oíche a thabhairt le dánta,
ag sleamhnú liom chomh ciúin is ab fhéidir
isteach taobh le do chliathánsa;
nuair a bheireann siad ort sa ghoile
níl aon leigheas ar rabharta Mhárta.

Agus ab in a bhfuil d'aithne agat orm
tar éis na bóithreoireachta go léir le chéile,
nach bhfuil fhios agat go gcastar im líon
roinnt giorraithe an tráth seo bliana,
mar fhéile cheiliúrtha idir mé féin
agus naomhshacraimint na talún
atá á feistiú féin amach arís
don athnuachan bhliantúil.

Agus muna bhfuil faic le cailliúint
ag mná cuibhrithe an domhain
ach a gcuid slabhraí mar a dúirt tú,
caith uaim iad mar shean-nathanna;
tá i bhfad níos mó ná an méid sin
le cur dínn againn go léir, tá na sean-dathanna
chun an saol a fheiscint faoin spéir,
domhan úrnite solasmhar fásmhar.

Tá an seancharr beagnach dóite amach
is caithim stopadh ar an gCurrach,
seit nua pluganna a chur isteach
aire a thabhairt don dearfach don diúltach;
this vehicle is wired negative earth
caithfead a bheith cúramach
nó titfidh mo chuid splancanna san fhaopach
ar nós carn mionchacanna caorach.

Cuimhním ar lá eile anseo le dlúthchara,
dheineamar an turas fámaireachta céanna,
mise ag tiomáint eisean ar mhaidí croise
sinn ag rás i dteannta a chéile;
is nuair a dheineamar moill eile
thugamar taitneamh don mháistreacht ar an *tango*
a bhí ag saighdiúirí agus na mná ag rince leo
sinne suite siar díreach ag faire.

Stopaim arís ag mo thobar i gCill Dara,
Mahon's tábhairne a choinnítear in ord,
an lámh thuisceanach stiúrtha is gá
chun seol a líonadh is dul le cóir;
le déanaí d'fhoghlaimíos go cruaidh
gur beag duine sa tsaol a bheireann ar láimh
ach b'fhéidir Brídín pátrún an cheantair seo
Brídín naofa na talún Brídín págáin.

Sraothaim liom trí lár na tíre
sraith droimníní anála,
ní le drochmheas ar éinne é
ach mé a bheith slaghdánach;
féach chomh tuisceanach is atáid
lena bhfálanna comhshaoil gearrtha siar,
na toir réamhfháis ag tnúth leis an mbladhmadh
iar-Chásca, ab in a bhfuil ann d'aiséirí?

Triocha dó bliain d'aois
stopaim arís i Laois,
Morrisey's ina bhfuil sorn teasa agus seanfhógraí
do bheoir do thoitíní coinnithe slán acu;
tigh nach n-éilíonn puinn ach cúirtéis an lae
is fanacht leat féin más áil leat
nó aois an tsoirn a phlé le bean an tí
céad bliain agus ocht déag d'iarann álainn.

Piocaim suas máthair agus a hiníon
tá an bheirt acu feannta leis an bhfuacht,
bhíodar uair an chloig ar thaobh an bhóthair
i bPort Laoise tar éis siopadóireachta;
cuirim teas an chairr faoi lánseol dóibh
ní éilím faic ach a bheith comhdhaonnach,
táid ag dul i dtreo eile fágaim i nDarú iad
thugas liom iad chomh fada agus ab fhéidir.

Méithíonn agus fairsingíonn an dúthaigh
ar phointe na boise ar chuma éigin,
i gcúinne leathshúil amháin sméideann fuinseog
ghlanbhearrtha le gile dhá bhonn craoibhe;
táim ag tiomáint trí fhaichí thír iomána
líonann mo chroí arís le tuile is trá na Mumhan,
le lúthchleas mo chos cuirim an bút síos
ar mo ruathar aonair trí Bhaile Eoin.

Cheana féin braithim faoi scáth Charraig Phádraig
gan Caiseal fós i radharc raon mo shúl,
géillim go hiomlán don tonnadh maighnéadach
a scuabann mé isteach i machaire méith na Mumhan;
fógraím an seirfean searbh ionam sna ceithre hairde,
tháinig séipéal aoibhinn Chormaic chugainn slán
díonaithe i gcloch dhá uair in aghaidh na síne
is thit na háirsí Gotacha le forlámhas ar lár.

Anseo leis tháinig an santachán in uachtar
Miler Mac Craith séantóir craosach Neilí Banríon,
eaglaiseach tláithíneach a lasc faoi chuing na daoine
ag cruinniú maoine chun a chumhacht a fhorghabháil;
faid a bhí fear dem mhuintir féin an tArdeaspag Diarmuid
á thóraíocht go míthrócaireach ar ordú an stáit
é i dteideal na heaspagóideachta, ainmnitheach na Róimhe
chéasadar gan taise é agus stracadar é chun báis.

Braithim féin go minic ar mo choimeád ón aois seo
is mé de shíor ag iarraidh deilbh a thabhairt d'íomhá,
mar a bheadh oilithreach sa tsiúl a bhfuil fís ghlé aige
ach a léann os comhair a shúl mar mheabhailscáil;
tá gá againn go léir le Gort na Trá Báine
áit éigin a bhfágaimid díth sláinte inár ndiaidh,
díothaigh anois an díomá nimhe ionam a charraig aonair
mo ghlam ó chroí a éim le pian ag dul thar bráid.

Ceolta Óir

Uaireanta ba mhaith liom
a bheith im cheoltóir.
Theannfainn freanganna
as sreanganna an droch-chroí,
ghinfinn comhcheol luí seoil
le Máire Bhuí,
ise ar an sacsafón
mise ar na píobaí;
chífí an léim
a thug an fia
thar an gCéim,
chloisfí inár dtreo
glórtha eacha an chatha
ar sodar leo ar an dord.
Agus leis an nóta
is binne ar fad,
an sians glé a chruinníonn
ón anam glan sa ghob,
thitfeadh deoir óir amháin
go grinneall Loch an Ghuagáin
a chomáinfeadh le fána
ár bhfuil mhear
ina lúcháir iomlán.

Gortghlanadh

Tá driseacha na sméar maoth
cathrálta ina chéile
ag na blianta tréigthe siléige.
Tá na craobhacha righne
draighin éille
ar a gcomhairle stobarnálta féin.
Tá scamhóga an iúir shollúnta,
ár bpríomh-mhaorgacht,
ag plúchadh i gcúngracht cléibhe.
Tá fraoch ar Liam na Giúise
chun a namhad eachtrannach,
an tor dúr achrannach
an pribhéad.
Ní léir
claí cloch tirim
ná fál sceach teorann.
Tá an Cnoc Gorm
ina chaor cheártan
ag an ór san aiteann Gaelach.
Níl mo chroí chomh dubh
leis an airne shearbh
a phriocaimid an fómhar seo.
Tá an Fhaill Dhearg, bán
le rómhar fós,
sleaiseáil trín raithneach aerach.
Tá saileanna díonta
na gcróite réabtha
tollta ag míolta críonna.
Tá cnag teann folláin
ainneoin na síne
in easnaíocha an bhóthair iarainn.
Tá ceann faoi ar chathlán
na bhfeochadán cloíte
ag cúlú le fána.
Tá an gort thoir acu

sníofa i ngréasán
líontán síoda damhán
le héirí na gréine.
Tá máistríocht iomlán
ag troscán na mbánta
ar mo lomadhícheall.
Tá cloig ón sábh ar mo lámha,
táim ag cur isteach mo théarma
im phrintíseach sealghlas siúinéara.

Tamall Cois Laoi

Á sea, seo sinn thar n-ais arís
ag stracadh na bputóg as a chéile
tar éis m'athchuairt bhuile ar thuile na Laoi,
lena poill ghuairneáin agus géaga Beinidictín
a dheineann scaradh gabhail le milseacht órga
ar an rás bán tulcach thar an gcorann bhinn.

Á sea, tagaim leat chuas im ghealt
Suibhne ar stuaiceanna na séipéal;
tá fara breá don oíche i gcloigtheach na Tríonóide
ach éirí amach roimh mhaidin nó bodhróidh tú,
is folcadh clúimh ina scáil bhán san abhainn
ar maidin mhoch sa tsnámh leis an eala naofa.

Á sea, ag ól gan stad a bhíos
ag diúgadh gnúiseanna agus braoiníní canúna
i Sráid na Blarnan agus Sráid an tSeandúna;
is cheiliúras cuair na naomhóige nua ó na Machairí
ag imeacht bán le Siobháinín ar thráigh an chuaisín
ag rith nocht amach sa taoide is fós ná ciúnódh mo chroí.

Á sea, fámaireacht ar fad ab ea é
faoileáil le madraí an bhaile ar nós Abbáin;
chuamar ar thuras lae siar amach thar an damba
ag lorg rian a lámh ar adhmad a bhí greanta
i dtábhairne manachúil ar ghuíomar pint chun Dé ann,
d'fheacamar glúin do shnoíodóir eile ag dul trí Inis Cara dúinn.

Á sea, tá síceanailís uaim
mé a chur faoi ghlas arís go hinstitiúideach;
b'fhearr liom síneadh i dtigh stáitse do bhacaigh
nó réiteach Chúchulainn nuair a thagadh riastradh air siúd,
mná nochta ag rince timpeall air i gcoire fiuchaidh
mar a dheineas féin dul le sruth i ndabhach guairdill *jacuzzi*.

Tá's agam, ní leor na deora
chuas ann chun an phian a cheansú;
scoilteas mo shrón d'ólas *eau de cologne*
ag réabadh liom ar chúrsa mo chuaranfa,
níor thugas liom ach raic shantaíos an chathair im ghlaic
dheineas botún na rún mo leonadh a nochtadh do gach éinne.

Do Davy Spillane

Is mó ná ceol é,
is teiripe
an phíb uilleann
leictrithe
ag spreangadh
freanganna ríleanna
as mo ghéaga righne
Oíche Chinn Bhliana;
tosnaíonn mo chosa
uathu féin
ag splancadh steipeanna
ar comhchéim
leis an gcailín i dtiúin
mar a chéile
le minicíocht scúite
do mhéireanna.
Is cuma linn
ach a bheith
ar aon bhuille,
scuabtha chun siúil
sa tuile
go dtí nach uirlis
an corp níos mó,
ach rithim
rithim rithim
beo.

Do na Sewer Rats i gCorcaigh

do m'athair

Ní hé is nach cás anois liom iad sa draein
agus mé ag filleadh thar n-ais go sócúil ar an dtraein,
mo phíosa ídithe ar nuacht na hoíche aréir;
tá an bréantas a d'éalaigh im thimpeall fós san aer.

Sé an saothar a d'fhágadar gan chur amach
is mó ba mhaith liom anois a chur in iúl,
boladh an chaca á chartadh aníos as dabhach shalach
an *mixer* sin i ngreim an tseaca á chur sa tsiúl

An chéad rud a dúraís-se a bhí le déanamh gach maidin
gan an luid is lú d'fhéintrua, coincréit chruaidh na haigne;
is fós ná braithim gur fhásais riamh ach oiread liom féin
an lámh ba ghá chun slán a fhágaint roimh an traein.

Bímidne i bhfad ag bogadh amach ag glanadh blocála
buicéad ar bhuicéad go mall as poll na daonnachta,
sula dtosnaíonn an sruth arís an chasachtach gharbh miocsála
is go ngealann ag bun an tolláin léas éigin spéire.

Tobar

Faoi mar a ghearrfaí glan le lann líofa
ceann d'fhéitheacha reatha na beatha,
scéitheann as an éasc sa chloch gréine
cuisle uisce trí na criostail gan staonadh.

Líonann de réir a chúrsa lodartha an tobar modartha
is sníonn thar maoil go habhainn trín draein fholaithe.
Téim go hioscaidí na nglún sa phluda ar an imeall
is taoscaim lem láimh athuair an draoib ón ngrinneall.

Braithim go hobann mo mhéireanna ar maos i gcorp duine
i mbun máinliachta chun foinse sruth fola a thaighde.
Coimeádfad leis ag fuilaistriú go nglanfaidh sé uaidh féin
ní foláir an beo a thabhairt slán gan géilleadh don aol.

Daingním na clocha rabhnálta a roghnaigh an té a bhí romham
is á dhíonadh le leacacha dom is ea a tharlaím ar a mheon.
Táim faoi dhraíocht aige bainim slat ghlas den bhfuinseoig
is deirim ortha na fola os a chionn im chaomhnóir.

I Reifidím i bhFásach Sín a thug Maois le hómós
Masá agus Míribeá ar an áit gur steall an charraig le n-ól.
Athbhaistimse mo pholl in Achadh a' Mhíl le hais Abhainn na
Seangán
Tobar an Mhonabhair a thug croí nua dhom agus taoscán den
síocháin.

Cága

Níor fhág na cága
simné gan nead
a shealbhú ann

Ní foláir faoin dtráth seo
ag cur san áireamh
a ráta breithe

Is gan splinc sa cheann
ag na liairní páirce
ach an chéad hap eile

Go bhfuil treibh iomlán
geocach grágach
scaipthe ón mbaile

Is gan aon rian deataigh
ar thóin aon ghearrcaigh
ach saol faoin dtor acu

Sa tslí go mbíodh an dream aosta
de shíor ag cáiseamh
an tógaint éasca

A bhí á fháil ag an gcleas óg
is gur mhaith ab fhiú róstadh
ó am go chéile

Is d'ardaídís féin a bproimpín maol
le mórtas dóite
as a gcleití tréigthe

Bé an bús i ngach seomra
is trí adharta adhainte
a bhris ar m'fhoighne

Bhíodar ina gcnap sa teas lárnach
séideadh anuas ina ghála orm
gan tarrac anála ann

Fuaireas beart slat lúbach
le bruis bhreá ghuaireach
a scriúáil ina chéile

Ropas na sáfaigh in airde
le sáiteáin láidre
i dtreo na spéire

Bhí brácadh is brácáil ann
thit ualaí brus nuachtán orm
brosna is cipíní

Chun a cheart a thabhairt dá bhfústar
ag bailiú a gcuid brúscair
is fearr ná sinn féin iad

Tar éis mo ghlantacháin go léir
b'iúd in airde uaim an spéir
sna simnéithe le feiscint

Ach tá rud amháin rúnda
faoi rógaireacht aerach
na gcág anseo le tuiscint

Sara dtiteann néal istoíche orthu
caochann siad leathshúil
ar Réalt a' Deiscirt

Tar Éis Stoirme

Ghlan fíoch na stoirme oíche agus lae
an spéir,
Liúspáil rabharta thosach Feabhra an gomh
as an aer.

Thacht an racht sciúch liúirigh an gheimhridh
go docht,
Cloisim a ghíoscán ciúin arís ag iúr na binne
anocht.

Luíonn an chéad cheathrú gealaí siar scaitheamh
ar an gcnoc,
Braithim im chosa ag druidim le hadhmhaidin smut
den sioc.

Táim buíoch go bhfuil an babhta marbhfháisce
curtha dínn,
Is an chumhacht thar n-ais trí chorp na hoíche
faoi dhíon.

Ceathrar Ghuildford

'. . . do tugadh suas mé fé chumhachta méirdreach na mbréag do thug na leabhair éithigh do chum an anama do bhuain asam . . .'

— Oilibhéar Pluincéad, Tyburn, 1681

Coinnítear iad ar bís i mbéal an duibheagáin
aisteoirí ar na cliatháin, cipíní briste na héagóra.
Tá greim fáiscthe acu ar mhugaí gorma plaisteacha,
faoi shrathair ag ordú grod ó pheiriúic an achomhairc.
Aimsímid súile a chéile ag léimnigh ag stánadh
trín bpána piléardhíonaithe ar líonrith an phóna;
táim gafa go brách ag aonfhéachaint thruamhéileach amháin,
níl aon phúicín fós acu do fhuinneog súl chéasadh anama.
Nuair a thugtar iad ar aghaidh Abadón ar an mbinse
is trína súile siúd óna gcúl a chímse os mo chomhair é.
Tá ciníocha iomlána daortha ag éitheach a dhlínse,
tíorántacht an treascróra faoi chlóca ceannais na córa.
Sa chúirt chliniciúil tá géaga morgtha ag úscadh,
le hordóg neamhchiontach feasa d'fhéadfaí iad a theascadh.

Ceilt

Dá mhéid an dúil
fiú sa bhraon is lú,
ní féidir a chúrsa
a cheilt.

Is phreab mo chroí
i socracht an tí
nuair a phapáil
an corc anocht.

B'ionann agus eas
an glug glag as scrogall
an fhíona á líonadh
sa chiúineas.

Chruinníos na sméaróidí
a bhí fós dearg le teas
chun fianaise choirc m'éithigh
is loisceas.

Bhí buidéal faoi rún le n-ól
an fhuil a bhrath sa tsiúl,
réiteoinn an fhadhb nárbh fhadhb go fóill
uair éigin eile.

Tusa i do chodladh go sámh
mise seancheardaí na gcleas
ag cur dallamullóg ar láimh
gur *in vino veritas*.

An Gairdín Seapáineach

Ní thuirlingíonn aon éan
sa ghairdín Seapáineach
a deir an bráthair go grinn
ar ár siúl os a chionn;
na foirgnimh mórthimpeall air
a bheith ró-ard ní foláir . . .
ach nach spotálfadh éan ar bith é
ag eitilt thar bráid?
Leanaim an sruthchúrsa
a scéitheann as an gcarraig,
pumpálann siad an t-uisce
go dtiteann an oíche,
gluaiseann othair Alzheimer
thíos i rince righin *macabre*,
osclaíonn an fhuinneog faid
mo mhéireanna ar a mhéid.
Ceapann an bhean feirmeora
go bhfaca sí siúd fáinleog,
taispeánann sí mar leanbh dom
an chréacht ar a méar.
Cathain? a fhiafraím,
an uair dheireanach istigh agam
déarfam amhrán is canann
go caoin '*Australia So Far Away*'.
Tá an bhean ar leathscamhóg
ag déanamh míreanna mearaí
cúig chéad píosa de theaghlach
ag croitheadh úll as crann,
téann an chiumhais dínn
cuirimid i leataobh go maidin é,
tá a corp féin fuaite le chéile
óna gualainn go dtína com.
Is deireann sí liom go bhfuil
éasc uaignis ina ceartlár
nach líonfadh an saol go brách

ach buidéal piollaí suain,
scoiltimse féin ar fhéachaint
idir an dá shúil uirthi,
uibhe marmair nach bhfuil iontu
le taise oiread is deoir.
Ní bhadrálann na héanlaith
leis an ngairdín Seapáineach,
tá níos mó ag cur tinnis orthu
ná brí na beatha síoraí,
ó lá go lá sé siúd is measa linne
ag iarraidh an cúrsa ar fad a dhéanamh
chomh hard sa spéir is a fhéadfaidh
in aon eitilt allta amháin.

Béiteáil

Béiteáil is ea mo thine Chásca
beo cois claí i nGort na gCrann.
Ní heol dom más scothán
den aiteann Gaelach
den aiteann Gallda
a ghéilleann dom lann
sleaiseála ó phréamh go beann
órga an tráth seo bliana.
An chumhracht mheala a bholathaím
sara gcaithim ar an gcarn é
agus pléascann ina bhothaire
le sop féir is díosal.
Loiscneoir mé ag cruthú spáis
chun fáis ach nuair a éagann
an bladhmann tugann gothaí na ngéag
dúdhóite chun cuimhne
i dtobainne an bháis
coirp a slogadh sa lasrach
ar an mbóthar go Basra.

Ultrasound

do Chaoilfhionn

Scuabann na tonnta sondála thar an mullán bán
agus faid spréachadh roicéad Oíche Shamhna,
teilgeann sa linn dubh ar an scáileán
gan monabhar frithbhualadh chroí an damhna.

Cuachta id chlais ag feitheamh led phasáiste
díreoidh méar na gréine ort a dhearbhóidh do ré;
is leanann an chomhla ag pumpáil mar phúnáiste,
dias den síolchur ag scéitheadh fola sa bhféith.

Sé do bheatha a leanbháin uaim fhéin amuigh sa tsaol
id chrotaon ar snámh go dtaga an Daghdha mór faoi do dhéin,
ag stiúradh do chúrsa ar Abhainn na Bóinne slán ó bhaol
thar choranna trí ghuairneáin go dtí cuilithe an aigéin.

Sé do bheatha a leanbháin nár shroich fós do thráth
ag clasú sa leaba mhín dúinn spíonamar ár nádúr fáin;
níl agam ón mbruach athartha dhuit ach grá
agus pian i lár mo chléibhe nuair a mhúchtar an scáileán.

Cuid a Dó

WOLFE TONE

Sraith dánta bunaithe ar dhialanna Wolfe Tone go príomha, go háirithe an chuid sin díobh a bhaineann leis an bhfeachtas chun na hÉireann i mí na Nollag 1796 nuair a theip ar fhórsa láidir de chuid Arm Réabhlóideach na Fraince cur i dtír i mBá Bheanntraí.

Réamhrá

'Níorbh fhada gur cheapas teoiric dom féin agus is í an teoiric sin atá mar riail seasamhach lem ghníomhartha riamh ó shin. Tíorántacht an rialtais mhallaithe atá againn a leagadh ar lár, an ceangal le Sasana, atá ina shíorthrúig do gach olc polaitidheachta d'á bhfuil orainn, a réabadh, agus saoirse mo thíre d'fhógairt — b'in iad mo chuspóirí.

'Comhaontú muinntire uile na hÉireann, gach seanmhioscais a bhíodh eatarthu a chur i ndearmad agus an ainm Éireannach a chur in ionad an ainmniúchais Protastúnach, Catoiliceach agus Di-aontach — b'in iad mo ghléas chun oibre.'
— An Seabhac,
Beatha Wolfe Tone

Faoi scáth Shliabh Dubhaise inné
i mBéal Feirste cois cuain dom,
uair amháin eile thugas gean mo chroí
do Aodh agus dá chompánaigh go léir
a líon a bpíopaí le luibh na mban sí
is a chonaic uathu na Francaigh
i gCuan Charraig Fhearghais;
bhí tráth leis againne ó dheas
gur chuireamar ár dtéarma isteach
ag iarraidh saol a fháscadh as idéal
ag diurnú na ngloiní agus na luibheanna
  íce;
fiú má scaip cuid den gceo ó shin,
sinn anois mar a deir siad ag baint lá de,
maireann fós im chroíse an bheoghoin
tar éis chuairt na bhFál agus Bhaile
  Andarsain.
Uaireanta braithim é mar a bheadh
  meadhrán
an spearbal a thagann orm ar aon airde,
níor dhual dom riamh feisteas na sciathán
i m'Icaras ag leá faoi theas na gréine.
Díbheargach mé ag gluaiseacht ó áit go
  háit
beagbeann ar dhlínse aon teora chríche
nach ndeineann faic ach daoine a
  dheighilt,
praiseach go dtagann forneart i dtír air.
Im ghnáthóg theas inniu atáim
mo dhá chois thar n-ais ar *terra cognita*
aon acra amháin de lámh le Drom Dhá
  Liag,
tá fulacht fia ann agus fianbhoth istoíche.

Litir chun Tone

An Cnoc Gorm,
Achadh a' Mhíl,
Beanntraí,
Contae Chorcaí.

27 Eanáir —
9 Feabhra 1988

Is mar gheall ar a bheith anseo ar shlí
a spreagadh mé chun scríobh chugat,
dá mbeifeá tagtha i dtír i mBeanntraí
bheadh áitreabh anseo ar do bhóthar go
Corcaigh;
ach táim ag teacht romham féin beagán,
níl uaim faoi láthair ach a chur in iúl
go dtuigim duit go fiú do dhúil
le mífhoighne mhíchéadfach i gcáil.
Tharla dom féin a bheith ag máinneáil i
bPáras leis tráth
tar éis réabhlóid de shaghas eile i Seasca hOcht,
bhaineas is dócha dintiúirí áirithe
boulevards amach
ghabhais-se de réir do mhianta féin le
saighdiúireacht.
Chríost an fuadar a bhí fút ag imeacht ó
Ghuy go Jacques
an fíon i d'aonar go minic, an *cafard*,
sólás an *théâtre*.

'Táim dom ithe ó
mhaidin leis an
gcanncar . . . agus tá
gach ní am chrádh.
An tAm! An tAm!'

5 Iúil 1796

Is bhris an phéacóg ionat amach lá do
Choimisiúin
gléasta amach chuige os comhair na mban
ag déanamh imprisiúin!
Ach na laethanta leadráin ag fuaidreáil an
taedium vitae
i do dhíbeartach ag díol as fiacha
taidhleoireachta na saoirse.
Deir cuid acu anois nach raibh ionat ach
coimhtheach coilíneach,
fuair do scéimeanna an t-eiteachas ón
maorlathas san Impireacht.
Bhís lán de chroí a dhuine, uaireanta ba
mheasa dhuit féin é
is tá bá faoi leith agamsa le straeire

'Do thrácht Hoche leis do'n díobháil a deineadh do phrionsabail na saoirse . . . le méid na fola a dortadh, 'mar,' ar sé, 'nuair a chuirfir fear fé'n ngoilltín déanfar is fíor, díthiú ar dhuine ach, leis sin, cuirfir a chairde agus a lucht comhgais go brách i n-earraid leis an Rialtas.' Cainnt í sin is fiú a mheabhrú.'

23 Iúil 1796

idéalach na díchéille.
D'aimsís páirtí tuisceanach nuair a ceapadh an Ginearál Hoche
ógfhear uaillmhianach go raibh lot na Réabhlóide ar a ghnúis.
Dá mhéid an fhuil a dhoirt sé féin sa Vendée, sa Bhriotáin,
b'iad *Liberté*, *Égalité*, *Fraternité*, ba bhunús lena thiomáint.
Is b'fhéidir leis gur chuir sé iachall ortsa a bheith docht
faoin saghas rialtais a theastaigh uait in Éirinn, Poblacht.
Nárbh é an Francach go smior é, an fórsa cruinnithe i mBrest
gur éalaigh leis le bean faoin dtor is tusa i bhfeirg mhór leis;
ar son catachas dhá oíche le Chouanach a chuiris-se ina leith
gur bheag nár chuir sé an feachtas go hÉirinn i mbaol lena chleith!
Mar a tharla, an chéad oíche ar muir agaibh a bhuail an tubaist
ag tabhairt faoi bhealach an *Raz* smiotadh an *Séduisant* ar fhochais,
an caolas anacair a ghaibh tú féin ar bord an *Indomptable*
is gan fios agat go maidin gur dhóbair sibhse leis a bháthadh.
B'é ba mheasa gur scaipeadh an loingeas gur roinneadh an ceannas,
Hoche agus an tAimiréal ar bord an *Fraternité*, tusa lán de theannas
go mbeadh muirchath ann le flít na Sasanach roimh cheann cúrsa

'Tháinig leoithne fé dheireadh agus seo sinn ar maidin le héirighe lae i ngoireacht cheithre léig do Cheann Cléire, i dtreo is go bhfuil pé scéal é, mo thír dhúthchais feicthe arís uair eile agam . . . .'

21 Nollaig 1796

is gurbh í cóir na gaoithe in bhur gcoinne
buille buan na cinniúna.
Chuas-sa sa tseans glan chomh maith
leis an gcóir a sheol anseo mise,
táim mar a deir siad i gCléire theas
lasmuigh d'uisce;
tá Béarla na Gaeilge á labhairt anseo
chomh dúchasach céanna
is atá Gaeilge an Bhéarla ina teanga
phobail thiar sa Ghaeltacht.
Ar chuimhnís féin i do chuid dileagraí
Béarla agus Fraincise
go mbeadh deacracht chumarsáide le
daoine i ngreim na hainnise?
Nó ar bhraithis go dtosnódh ceannairí ón
bpobal aníos ag fás
i dteannta na meánaicme cathrach gur
mhó a thuigis-se a gcás?
Is fánach an mhaise dhom é a bheith ag
samhlú cén chanúint
Fraeilge nó futa fata a bheadh in bhur
ndiaidh i gCúige Mumhan!
Braithim féin go minic an coimhthíos
mallaithe sin le mo ré
faoi ghlas cuain sa Phoblacht seo mar a
bhraithis-se i do *émigré rentré*.
Sa tsráidbhaile aréir chaitheamar slí a
ghéilleadh arís don gCóras —
Trá Lí-Corcaigh-Londain —
Iompair Éireannach i mearbhus.
Inniu tá na crainn ag fáil lascáil aniar gan
faoiseamh ón ngála
is smaoiním ort féin arís i mBrest,
indomptable ar teannchábla.

Caithréim

don gcailín freastail Protastúnach
in Óstán Vickery

'Chím, leis go raibh ar an bPápa géilleadh fé dheireadh, agus go bhfuil sos comhraic d'á thabhairt ag Buonaparte dó . . .

'Tá áthas croí orm go bhfuil an seanShagart fé thobhach cánach san deireadh. Is mó céad bliain atá sé féin agus na Pápaí tháinig roimhe ag creachadh na hEorpa uile . . . '

4 Iúil 1796

Tá caithréim na féile feistithe ar dhreach
an bhaile
an Croí saorga Ró-Naofa ag
frithbhualadh i bhfuinneog
an tsiopalathais faoi dhathanna Chorcaí
agus an Phápa,
i dteannta na bhfísghránnán fola ag an
mangaire *video*.

Umhlaíonn saighdiúir trídhathach na
hÉireann le linn Aifrinn
do Chorp ionchollaithe Chríost os ár
gcionn i dtaisce óir,
braithim m'ancaire sa phobal seo ag
tarraingt dá ghreim go hobann
b'fhearr liom gearrtha go grinneall é agus
meirg ar oisteansóir.

Is deirim nach bhfuil ansan arís ach an
díbheargach mífhreagrach ionam
an dí-aontach nár ghéill dá gCríost ach
do phoimp agus póit;
seasaím ar leataobh sráide is an mórshiúl
ag gabháil tharam
i mo thost ag an maoirseacht chos is iad
ag díriú ar an gCearnóg.

Loirgím tearmann ón dteallaireacht a
steallann anuas ón gcallaire,
leanann fuadar na n-áiméan mé go dtí
doras *foyer* an óstáin,

siúlaím thar tairseach aoise nach
mbraithim comharthaí suathadh
ar na frámaí socaire de dhrámaí Shakespeare
ná tréigean na scáthán.

Suím siar i dtolg atá fós i seilbh bhuíon
na mbolg mór
ach gur sinne atá ramhar anois agus a
gcine siúd ag dul ar lár;
cén fhaid a shíneann cianghaireas a
dhíothaíonn pobal cois Teorann
isteach i ngréasán ceannais reiligiúin a
dheineann baile a *wire*áil?

Imrímid cluiche dár gcuid féin anseo le
hainmneacha Gael is Gall,
Ne Temere a thugaimid air, is fuirist
báire a scóráil;
Séamas a bhaisteadh ar Trevor go sollúnta
ag an umar dall,
sin anam eile i gcúl an eangaigh, pointe
breise ar an gclár.

Plúchann plobaire mór mná tharam agus í
pluctha chun lóin,
tá cead a gcos ag an bpobal arís tar éis na
caithréime ní foláir;
deir sí amach os ard go bhfuil moill ar an
seirbhís go fóill
'An lá, tá's agat, an cailín freastail
Protastúnach amháin ag friotháil.'

Cuairt ar Thigh Bheanntraí

'Lámh Láidir in Uachtar'

'The hand that upholds the right is uppermost'
— The Arms of the Baron of Inchiquin

Salve! Cave Canem!

Ainneoin satailt thiarnúil na gcos
le dhá chéad caoga bliain
tá slabhra ar mhuineál an ghadhair fós
nár lig sceamh as riamh faoi dhíon

Ach é greanta balbh san urlár
i mblúiríocha marmair as Pompeii;
má tá an mhósáic féin ag dul ar lár
tá a teachtaireacht soiléir le léamh.

Tá an gairdín á chaomhnú ar chostas an
stáit
gné ghlas eile dár n-oidhreacht
chultúrtha,
osclaím le fiosracht trunc ársa san áit
chím an *Union Jack* ann caite ina bhurla.

'Ach tiocfaidh anuiridh arís . . . . Tá uaisle na hÉireann ag dul chun alltachta leis na daoine, agus ortha féin bíodh. Níl aon trócaire iontu agus ní díol trócaire iad féin. Má bhíonn sé choidhche ar mo chumas-sa aontóchad le lánchroídhe chun sompla uathbháis a dhéanamh díobh.'

9 Aibreán 1796

Tá meirge Eachra Bheanntraí crochta sa
halla
thall i gcúinne tá cás íocón taistil ón Rúis,
faoi cheannas na bportráidí teaghlaigh ar
an bhfalla
aimsím ar imeall na móiréise prionta beag
de Hoche.

Tá an Seomra Suí Róis ina aireagal solais
ag loinnir na gloine go léir a mheallann an
lá,
dhíol sclábhaithe na dúthaí go daor lena
gcuid allais
as gach pána ina bhfuil an fharraige ina
plána sa Bhá.

Cé méid gálaí cíosa a chuaigh an taipéis
ar an Iarla?
Bronntanas tráth a pósta de chuid Marie-
Antoinette,
choinnibh sé siúd a cheann ag cruinniú
ar fud na hEorpa
ollmhaitheas, maoin agus *objets d'arts*
dá nead.

Cé thógfadh air scéala uafáis a chur go
Corcaigh
go raibh flít na bhFrancach ag iarraidh
teacht i dtír?
Creachadóirí allta de réir tuairiscí an
Bhúrcaigh —
sheinnfidís Cearta an Duine le smionagar
na *chandeliers*.

Ná ní fada sna sála air aniar as Doire
Fhíonáin
a bhí a fhaisnéis féin á seoladh ag Muiris
an Chaipín,
más dó féin a bhí a dhílseacht ní chuirfeadsa
aon mhilleán air
níorbh í an Réabhlóid an margadh dá
mhairt arbhar ná im.

Inniu tá na tógálaithe ag cóiriú seomraí
leapan
do bhiaiste na dturasóirí sa tséasúr atá
romhainn,
leaba is bricfeasta do chuairteoirí a slí
bheatha
agus táille isteach i dtigh príobháideach
fós ar ndóin.

Ar a laghad tá an foirgneamh fós ina
sheasamh
blúire eile don mhósáic a dhéanfadh
pictiúr nua iomlán,
Vale! Cave Canem! seanghadhar mé ag
cangailt smior
chnámh spairne na staire agus mé thar
n-ais im bhothán.

Lá Púnáiste

'All along the coast, from Bantry Bay almost to Cork Harbour, the density of the labouring population was painfully apparent from the high proportion of those one-room cabins. There were nearly 16,000 such wretched habitations in Cork in 1841.'
— Joseph Donnelly Jnr,
The Land and the People of Nineteenth-Century Cork

Iontaímid na taobhfhóid leis an
    ramhainn,
stracaimid lenár lámha den mbán
leadhba do na sciolláin.

Riastálaimid créachtanna dearga sa chré,
cuirimid ár bpéacáin i gcneá na féithe
agus ceirín leo den athchré.

Síneann na leapacha nuacharntha chun
    na spéire
ag at ar nós na gcat faoi theas na gréine,
análaíonn mar a chéile.

Ní bheidh gas glas amháin againne dá
    bhuntáiste,
duine críonna, stracaire, máthair, páiste,
ach cúiteamh pinginí cíosa ar lá púnáiste.

Óid do Mháire Bhuí Ní Laoghaire

*'A mhascalaigh mhín thar an bh*Fleet *ná trácht liom go héag, Mar is le hanacra do chímse na mílte i ngátar ina déidh.'*
— Máire Bhuí,
Ar Leacain na Gréine

D'ardaís do sheolta a bhí líonta le ceolta
is d'éalaigh go mear le fear ón Sciobairín;
bhí fuadar faoin nuachar lán d'anam is
spleodar
an fhideoigín bhinn sléibhe ó Thúirín na
nÉan.

Bhí na hInseacha go léir faoin lánúin
nuaphósta
saol ag cur thar maoil cois méithe na Laoi;
scoth na cóiríochta, capaill oibre is
marcaíochta
ón Spáinn clócaí greanta fíonta dearga is
lámhainní.

Bhí dhá choileán ded scuaine fuaite i do
cheartlár
is curtha díot faoin am gur tháinig scéala
thar an gCéim;
an méid a bhí le bheith bhí, níor tháinig
bhur lá
ach an croí scólta, ar díth dóchais na búir
fós i réim.

Ní á chasadh leat atáim nuair a mheasann
tú gur Laoiseach
nó Louis an Dícheannach faoi ndeara an
chabhair a theacht;
bhí do thuiscint ógmhná bunaithe ar
ríogacht agus taoiseach,
ní mheánn sé brobh mara gcualaís féin
trácht riamh ar phoblacht.

Leanais ort duine ar dhuine gur saolaíodh
naonúr clainne
de réir nós an ama chuaigh an té ba shine
ina Bhuachaill Bán;
más fíor don dtraidisiún daoradh Seán
chun na croiche
is chaoin a mháthair féin é i gceann
amháin dá cuid amhrán.

Ar chuma mórán eile chuaigh an
drochshaol in bhur gcoinne
i ngeall fiacha le ceannaí ime deineadh an
talamh a chúntáil;
imithe san aos, as seilbh, fuair do mhórtas
cine trombhuille
níl unsa trócaire sa mhargadh agus saol
daonna á thrádáil.

Is minic a chuimhním le gean ort ar chúis
éigin ná tuigim,
ag gabháil siar arís inné dhom bhís id scáil
romham ar an gclaí;
id chloch mhíle dhochloíte a tháinig slán
ón ndoineann
a thugann misneach dom ar mo bhóthar
isteach in Iarthar Chorcaí.

An turas san go bhfuil mo shaol tugtha
agam á rianadh
fiafraím ionam fhéin cén fhaid eile atá an
cúrsa i ndán,
ag síorathrú giaranna ar
chúlbhóithre tá an tír á teilgean tríomsa
mar a d'aimseodh urchar im shuíochán
mé i luíochán ón mullán.

Maraíonn na bailte fearainn mé gach áit ar
fud na hÉireann
paróisteánach gan reiligiún ach fós a
chreideann san iomlán;
im straeire ainnis im sheasamh cois
abhainn Ghleanna an Chéama
in Uíbh Laoghaire sa chlapsholas ag lorg
anama sa tsruthán.

Séideán

'Ní léir dom romham, gan míorbhailt d'á dhéanamh dúinn, ach luainscrios ar an bhfeachtas, agus daoirse ar mo thír, agus milleadh orm féin. 'Seadh, má's tuitim atá i ndán dom gheobhad díol ann chomh daor agus d'fhéadfadh gleacaidhe aonair a bhaint amach. Sin é m'aigne socair, maiseadh. Is suairc an Nodlaig dom indiu é.'

25 Nollaig 1796

'Loyalty to the Sovereign and respect for the constitutional authorities have always been prominent features of the Christian character . . . . For blessed be God! we are no longer strangers in our native land, no longer excluded from the benefits of the happy constitution under which we live, no longer separated by odious distinctions from our fellow-subjects.'

— An Dr. Moylan
Easpag Caitliceach
Chorcaí

25 Nollaig 1796

I ngaireacht chúig chéad slat don dtalamh
gan chumas dul i dtír,
uaireanta sna stártha le háthas ansan
balbh
le duairceas dubh faoi imní.

Gleacaí aonair a fhéadfadh lámh a
shíneadh
is breith go haclaí ar chósta Chorcaí,
ach ag siúl áiléara na loinge go
hainspianta
do chóta mór fáiscthe ar do ghuaillí

Thugais aghaidh go neamhscáfar ar an
mbás
a gheofá, lámhach an tsaighdiúra
nó rópa na croiche le tréas chun uafás
a dhingeadh i gcroí tréatúra.

Is ba mhó ná riamh do sheasamh
diongbhálta
gnó cóir ceart a bheith ar siúl,
fuascailt le forneart ó dhaorsmacht
ginearálta
an uile dhuine i réim bhunreachtúil.

Chomh haerach le fuiseoga lá gréine tar
éis
dul i gcomhairle chogaidh,
ag beartú cóiriú an chatha ghéill sibh don
áiféis
go raibh bhur gcás ina cheap magaidh.

‘Ár n-airm inár lámha, na balcaisí ar ár
gcnámha
agus ár ndeamhisneach’,
thabharfadh uair go leith de chóir sna
seolta
sibh an cuan glan isteach.

‘Je m’en fiche,’ a dúraís, ‘má chrochann
siad choíche
mé, deinidís agus fáilte,’
ba chúis sásaimh duit gur cailleadh
codladh na hoíche
toisc sibh a bheith i láthair.

Go háirithe Ardeaspag Bhaile Átha Cliath
ag únfairt
ag iomlasc ina leaba chlúimh,
na huaisle galánta go fuasaoideach ag
múscailt
is na Francaigh sna hamóga go sámh.

Nuair a bhuail tonn do long le linn scríb
anfa
líon do chábán le sáile,
d’fhanais sínte i d’amóg is na hoifigigh i
mbun snámha
tú ag tnúth le bheith báite.

Theastaigh uait do dhroim a thabhairt leis
an saol
faoin dtuath i mbun feirme,
tá na mílte tearmann sa dúthaigh seo ó
chath na mbó maol
ag straeirí na haimsire.

Dúthaigh fhiain bharbartha dar leat gan
fáil ar lón
ann ná capaill don marcra,
ba mhar a chéile leat ar shlí cósta aon tír
ar domhan
go mbeadh grinneall ann do d'ancaire.

Contráil

'Ar a ceathair ar maidin dhein an Commodóir an comhartha chun díriú ar an bhFrainc; sin, maiseadh deireadh lenár bhfeachtas do'n iarracht so; agus go deo b'fhéidir. Thugas an lá indé im amóig, le breoiteacht fhairrge cuid de agus le míchéadfadh an chuid ba mhó dhe. Ar a deich ghabhamar brig mí-ádhmharach ar a slí ó Lisbon go Corcaigh le hualach salainn, agus chuireamar go tóin poill í.'

29 Nollaig 1796

Faoi mar nach raibh an fharraige mhór
lán amach cheana dhe!
Ba gheall le cic drúncaer mallaithe é
ar sheanghadhar,
eospairt a dhéanamh ar árthach salainn
gan dealramh
an chneá á líreac le truamhéil ag an
  bhfoireann a chaill.
Ní shásódh aon bhlas an goirteamas
  searbh domheanmnach
ach a thuilleadh den domlas saillte
a chuimilt den oighear.
Foghlaithe mara ag filleadh abhaile
gan éadáil
straeirí scaipthe ar chuma na mionéan
gan tírghabháil;
fán fada oraibh! tuigim daoibh an gníomh
gan tairbhe
an méid nach mbaineann buamáil amach
  nó súncáil le seirfean.
Más ea féin ní bheadh biataigh Chorcaí
róbhuíoch díbh
má cuireadh moill ar a gcuid soithí
do na hIndiacha.
'Don Diabhal le prionsabail theibí
Chearta an Duine.'
Níor mheáigh Poblacht punt ar scálaí
Mhargadh an Ime,
ach feircíní na bhfeirmeoirí ó Chiarraí
a bheith ar na dugaí
na pócaí a bheith teann ag na prionsaí
i Sráid an Chapaill Bhuí.

'The Irish are not yet sufficiently enlightened to bear the sun of freedom. Freedom would soon dwindle into licentiousness; they would rob; they would murder.'
— Daniel O'Connell

29 Nollaig 1796

Seans maith leis gur mó mallacht bhlasta
a cuireadh ar an bhFrancach
sna cábáin sa chathair ghríobháin chasta
i ngreim scillingí na Corónach.